UN

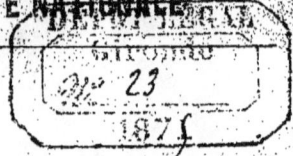

NOUVEAU MODE D'EMPRUNT

(Système Moïse CASTRO et TRUBESSET)

Direction provisoire à Bordeaux, cours des Fossés, 92

APPEL AUX PROPRIÉTAIRES FRANÇAIS

LE SOL CAUTION DE L'ÉTAT

NOTICE EXPLICATIVE

PAR

M. BOURGOINT-LAGRANGE

Ex-Substitut, Conseiller municipal de la ville de Périgueux

SUIVIE DU

TRAITÉ PROVISOIRE CONCLU AVEC LE GOUVERNEMENT ESPAGNOL

TROISIÈME ÉDITION

revue et expliquée

1875

Prix : 50 centimes

SE TROUVE CHEZ LES PRINCIPAUX LIBRAIRES

On est prié de lire l'Avis qui est au dos de la présente brochure.

UN

NOUVEAU MODE D'EMPRUNT

(Système Moïse CASTRO et TRUBESSET)

Direction provisoire à Bordeaux, cours des Fossés, 92

APPEL AUX PROPRIÉTAIRES FRANÇAIS

LE SOL CAUTION DE L'ÉTAT

NOTICE EXPLICATIVE

PAR

M. BOURGOINT-LAGRANGE

Ex-Substitut, Conseiller municipal de la ville de Périgueux

SUIVIE DU

TRAITÉ PROVISOIRE CONCLU AVEC LE GOUVERNEMENT ESPAGNOL

TROISIÈME ÉDITION

revue et expliquée

1875

Prix : 50 centimes

SE TROUVE CHEZ LES PRINCIPAUX LIBRAIRES

NOTA. On est prié de lire l'Avis qui est au dos de la présente brochure.

PROMOTEURS

MM.

CASTRO (Moïse), auteur de la Comptabilité universelle.

TRUBESSET (O. ✠), consul, propriétaire.

BOURGOINT-LAGRANGE, ex-substitut du Procureur de la République, propriétaire.

COMITÉ

MM.

De GREHAN ✠ (C. ✠), Consul général de Siam, à Paris, propriétaire.

BELLOT des MINIÈRES (O. ✠), sous-préfet.

MONTAGNIER ✠, rentier.

BIDAULT ✠, juge de paix.

MORDON, ancien sous-préfet.

CLAMAGERAN, publiciste.

PASCAL ✠, capitaine-trésorier de gendarmerie.

A. COULON, conseiller municipal de la ville de Bordeaux, propriétaire.

PRADIER, docteur-médecin, propriétaire.

AZEVEDO, propriétaire.

MANÈS (Charles), docteur-médecin, propriétaire.

GUILLAUD-DEBROUE, avocat, propriétaire.

MERCERON (P.), avoué, propriétaire.

ROBERT, receveur des postes, propriétaire.

DEFFARGES, notaire, propriétaire.

MOURIN (Joseph), avocat, propriétaire.

Mais dans notre époque de progrès, tout va vite, et les résultats les plus merveilleux sont souvent au bout des entreprises les plus hardies.

Quarante-trois milliards offerts à une nation pour trois milliards demandés par elle à la suite de revers inouïs, voilà un prodige financier qui aurait bouleversé les idées économiques de nos pères !

De nos jours, il n'en est pas ainsi, et si la confiance publique est en voie d'adopter des errements absolument nouveaux, nous ne voyons pas quelle raison elle invoquerait pour écarter un système qui cadre d'une manière parfaite avec ses principes actuels.

Notre *Notice* a été répandue dans le public quelques jours à peine avant que l'emprunt ne fût décrété. Cette circonstance expliquerait suffisamment à elle seule que le Système de MM. Castro et Trubesset n'ait pas encore eu beaucoup de retentissement. Mais, alors même que les hommes compétents eussent eu le loisir d'en étudier le mécanisme, le temps manquait pour en organiser le fonctionnement.

Les Allemands étaient là, attendant la rançon du pays. Il fallait courir au plus pressé.

Mais supposons un instant que les capitalistes n'eussent pas répondu à l'appel de la France éplorée ; que serait-il advenu ? Nous ne voulons pas envisager dans ses tristes détails la situation qui se serait produite.

Qu'il nous suffise de poser une question à laquelle tout lecteur mettra certainement plusieurs réponses ; la voici :

Qu'arrive-t-il dans un État forcé de manquer à la fois à ses engagements envers l'étranger et envers ses propres citoyens, par suite de la défiance de ces derniers ?.....

Supposons donc que l'emprunt eût échoué. Quel cataclysme ! Peut-être alors se fût-on tourné vers le système des Bons hypothécaires, et peut-être aussi ce système eût-il sinon absolument sauvé une situation trop compromise, du moins conjuré la ruine totale du pays.

Enfin, le succès a heureusement aplani tous les obstacles.

Toutefois, il ne serait pas prudent, ce nous semble, de se reposer indéfiniment sur une fortune aléatoire. Assurément, le crédit de la France est loin d'être épuisé, et nous n'hésitons pas à proclamer qu'il est inépuisable.

Mais il n'en est pas de même des ressources du prêteur. Quel que soit le désir du public de couvrir encore quatorze fois un emprunt qui serait émis, il est certain qu'il ne pourrait matériellement le faire, les échéances fussent-elles fractionnées en autant de termes que l'on voudrait, et le versement de garantie descendît-il à 10 fr. par chaque souscription de 5 fr. de rente. Nous ne parlons point des conditions ruineuses qu'exigerait un emprunt ouvert dans des circonstances pareilles.

Il faut, par conséquent, envisager l'avenir d'un œil prudent, et, loin de repousser *à priori* le système des Bons hypothécaires, l'examiner avec les égards que mérite toute œuvre inspirée par des vues d'utilité, et dont le plan offre, en outre, des bases ingénieuses.

Au surplus, les auteurs du système attendent le jugement du temps avec la sérénité des personnes qui sont persuadées qu'elles poursuivent un but pratique, et que le triomphe de leurs idées dépend uniquement de la vulgarisation de celles-ci.

C'est un honneur de trouver à emprunter ; c'est un honneur plus grand de pouvoir se libérer.

Telles sont les considérations qui nous ont déterminé à remettre sous les yeux du public la Notice que nous avons publiée au mois de juin 1872. Nous l'avons remaniée, afin de donner aux matières qui y sont traitées un ordre plus méthodique. Cette seconde édition était d'ailleurs nécessaire pour rectifier les passages auxquels les événements intermédiaires ont enlevé leur portée ou leur opportunité.

Nous renvoyons à la fin de la brochure la réponse à certaines critiques superficielles dont un journal a honoré notre Système. Nous avons également classé à la suite de la Notice diverses explications sur quelques détails secondaires.

Deuxième Partie

CONSIDÉRATIONS GÉNÉRALES SUR LES EMPRUNTS

Au mois de juin, nous disions dans la Notice : « Un emprunt est imminent. »

Nous ajoutions : « Nous avons la conviction que le prochain emprunt aura les mêmes chances heureuses que ses devanciers. »

Nos prévisions ont été réalisées et même dépassées, à tel point que la somme demandée à la confiance universelle a été offerte quatorze fois.

Mais, ainsi que nous le recommandons en plusieurs endroits de cet opuscule, il ne faut pas que la France s'habitue à l'imprévoyance et cesse de surveiller rigoureusement ses intérêts financiers, sous l'influence d'un espoir présomptueux. Conclure que les futurs emprunts réussiront comme le dernier, c'est se livrer à un sophisme déplorable. La France inspirera toujours aux capitalistes la même confiance, nous le croyons sans peine ; mais il arrivera un moment où les bailleurs de fonds, à court de numéraire ou de monnaie fiduciaire, seront contraints de confesser leur impuissance.

L'argent et ses équivalents sont une marchandise analogue à toutes les autres. La quantité de ces objets d'échange est limitée. On a beau créer des combinaisons de banque, toutes les fictions du monde ne parviendront pas à démontrer que 2 milliards et 2 milliards, par exemple, font plus de 4 milliards. Dans les transactions, les subtilités financières et toutes les opérations de convention que l'on emploie, ont une utilité incontestable, parce que les affaires sont, par leur moyen, plus rapides et plus facilement traitées. Mais, lorsque le moment de la liquidation définitive est arrivé, l'on s'aperçoit nécessairement que les chiffres ne se sont pas départis un seul instant de leur brutalité proverbiale, et, quelque multiples qu'aient été les anneaux de la chaîne, les deux bouts s'appellent invariablement *Actif* et *Passif*.

L'occasion ne s'était jamais aussi cruellement présentée de vérifier cette vérité que dans les circonstances actuelles. L'énorme somme que la France a payée à l'Allemagne a rendu les espèces métalliques tellement rares, que la Banque a été autorisée à augmenter l'émission de ses billets, sans être tenue à renforcer son encaisse. On va jusqu'à prétendre que notre Gouvernement a représenté au gouvernement prussien qu'il serait utile de provoquer la circulation des espèces remises à l'Allemagne à titre d'indemnité de guerre.

Nous ne garantissons pas le fait, mais il serait bon qu'il eût existé. Des négociations de cette nature deviendront indispensables quand le complément de l'indemnité sera payé, si les Allemands persistent à retenir l'argent monnayé.

Bien des systèmes financiers ont été mis au jour pour l'administration des intérêts pécuniaires des nations, et chaque inventeur s'est imaginé avoir atteint la perfection.

Celui qui a prévalu (et que nous osons qualifier de routinier) est le système des emprunts dont le mécanisme peut se résumer en ceci :

L'État a besoin d'argent; il annonce au public que toute personnne lui apportant 80 fr., par exemple, recevra 5 fr. de rente par an ; tout est là.

L'élévation des intérêts fait affluer l'argent ou sa représentation dans les caisses du Trésor, et chaque prêteur reçoit un titre qui constate qu'il a versé telle somme et a droit à telle rente. Les rentiers se rendent parfaitement compte de cela, mais beaucoup d'entre eux ne se rendent pas compte de détails extrêmement importants.

Ils ignorent que l'État n'est leur débiteur que pour les intérêts, mais non pour le capital. Ils ignorent que, dans aucun cas, l'État ne peut être forcé de leur rembourser le capital. Ils ignorent que leurs titres ne sont autre chose que des documents attestant un droit, mais non la représentation réelle d'un capital.

Il est vrai qu'un titre de rente peut être négocié, mais c'est là une opération qui s'accomplit entre particuliers, et de laquelle l'État se désintéresse absolument.

De cette organisation, il résulte ceci : C'est que, si les affaires de l'État tombent dans une situation extrêmement fâcheuse, le rentier qui a déboursé, par exemple, 16,000 francs et a droit à 1,000 francs de rente, conserve constamment le droit de toucher sa rente, mais se trouve, en fait, dans l'impossibilité absolue de réaliser son titre, à moins de perdre une partie du capital qu'il a déboursé. En effet, les affaires publiques étant déplorables, nous le supposons, les personnes désireuses de placer des capitaux ne se hasarderont pas à payer des titres de rente au prix qu'ils ont coûté à l'époque où les affaires étaient prospères.

Nous ne nous étendrons pas plus longuement sur ce sujet, et nous ne traiterons point l'hypothèse d'une banqueroute publique, surtout en ce qui concerne la France, qui, quoi qu'il puisse arriver, nous paraît à tout jamais à l'abri d'une semblable catastrophe.

Mais enfin, si un État quelconque, étant donné le système actuel des emprunts, venait un jour à ne pas pouvoir acquitter les intérêts de ses rentes, les porteurs de titres auraient absolument tout perdu.

Ce que nous disons à propos de notre patrie peut s'appliquer à toute autre puissance; aussi livrons-nous notre idée, non seulement au peuple français, mais encore à tous les peuples qui sont soucieux de leur bien-être. Nous croyons en cela être utile à l'humanité tout entière.

Si nous nous exprimons ainsi, ce n'est point que nous nous fassions illusion et que nous espérions voir adopter immédiatement et partout à la fois notre Système. Nous savons de longue date que la routine est une mauvaise conseillère, et que ses adeptes, guidés tantôt par leur amour-propre, tantôt par leur ambition personnelle, manifestent systématiquement de l'opposition aux nouvelles idées, afin de faire prévaloir les leurs. C'est là l'histoire toujours ancienne et toujours nouvelle de l'intérêt particulier se plaçant au-dessus de l'intérêt généarl.

A une époque où tout le monde pense, réfléchit, étudie, à une époque où chacun s'efforce de se rendre utile, à une époque enfin où l'on voit surgir de ce que l'on appelait improprement, jusque dans ces derniers temps, *les basses classes de la sociëté*, des hommes qui savent s'élever par leurs conceptions au plus haut degré de l'estime et de la considération publiques, il serait à souhaiter que les Gouvernements ordonnassent l'examen sérieux, par des commissions compétentes, de toutes les propositions qui ont en vue la prospérité commune. Il arriverait peut-être que, sur cent théories, une seule serait jugée profitable; mais ce résultat ne serait-il pas excellent, et l'aréopage que nous rêvons ne se considérerait-il point comme suffisamment rémunéré de ses veilles et de sa patience?

Nous ne savons qui a posé cet axiôme détestable, consistant à prétendre que, plus un État est endetté, plus il est prospère. Il y a même de soi-disant financiers qui démontrent le bien fondé de cette théorie. Cette fausseté repose sur la présomption qu'un État, qui a une grosse dette, dispose d'un grand crédit. Jusque là, c'est exact. Mais comme toutes les théories absolues, celle-ci est défectueuse. Le crédit est élastique, mais il ne l'est que jusqu'à une limite déterminée, passé laquelle il se brise. Les lois de l'équilibre sont éternelles et universelles; elles sont vraies en matière financière comme elles sont vraies en physique et en mécanique.

S'est-on jamais donné la peine de réfléchir à quoi aboutit, en fin de compte, l'augmentation de cette prétendue prospérité, qui s'appelle la Dette publique?

Le cadre de notre travail ne nous permet pas de nous étendre longuement sur ce sujet. Il nous suffira de citer deux ou trois des grands inconvénients qu'entraîne après elle l'aggravation de la Dette.

Qu'arrive-t-il lorsque la Dette augmente?

La masse des intérêts à payer s'accroît. Il est indispensable, sous peine de tomber dans la Banqueroute, de se procurer l'argent des intérêts. Dans ce but, on augmente les impôts ou on en crée de nouveaux. La Propriété, le Commerce, l'Industrie, voyant leur situation amoindrie, augmentent les prix de tous les objets de consommation. Par contre-coup, tous les individus exerçant des professions libérales ou des professions manuelles, réclament des honoraires ou des salaires plus élevés; et, comme les prétentions de tout le monde (propriétaires, commerçants, industriels, salariés de toute espèce) ne sont pas, d'ordinaire, dans une proportion régulière, la gêne se produit, le mécontentement devient général, et l'équilibre social est menacé.

La question des grèves se rattache incontestablement à cet état de choses. On a beau dire que la débauche, l'ivrognerie, la fainéantise, etc., etc., sont les principales causes des grèves, il faut forcément reconnaître que l'augmentation toujours croissante du prix des loyers et du prix des objets de première nécessité, est une cause permanente de gêne et un motif d'irritation, alors que les salaires ne sont pas élevés dans la même proportion. On est allé peut-être trop loin, lorsqu'on a souhaité *l'égalité* des salaires, mais il est évident que l'ordre social a intérêt à voir fonder *l'équilibre* des salaires.

Notre opinion est que, pour arriver à cet équilibre si désirable, le principal moyen consiste à multiplier le numéraire, ou, ce qui revient au même, sa représentation réelle. Par là, le Commerce et l'Industrie reprendront leur essor, et la marche des affaires suivra de nouveau son cours normal.

Il y a une autre cause grave qui trouble l'harmonie sociale, et celle-ci ne saurait, à coup sûr, être imputée aux ouvriers. C'est le chômage forcé. Lorsque le travail manque, la misère apparaît bientôt avec son cortége d'angoisses, de déchirements et de haines souvent aveugles.

Au fond, toutes ces catastrophes sont la conséquence du manque d'argent. On a dit que, la plupart du temps, les querelles de ménage provenaient de la gêne pécuniaire; du petit au grand, les malentendus politiques naissent souvent de la pénurie du numéraire, l'un des plus grands fléaux qui puissent s'abattre sur une nation.

Il n'y a rien de particulièrement vulgaire sur cette terre où tout est vulgaire; en conséquence, nous nous permettrons de comparer l'administration financière de l'État à celle d'un ménage ordinaire. Une famille a tant de revenu, 12,000 francs par exemple. Un État a 1,200 millions. Si la famille n'a pas assez de ses 12,000 francs pour atteindre le bout de l'année, c'est qu'elle est mal administrée. Si le budget de l'État se solde par un déficit, c'est que les errements financiers que l'on suit méritent d'être modifiés.

Nous défions les plus grands génies du jour de démontrer sainement et loyalement le contraire de cette vérité banale.

Quant à nous, pour arrêter le pays sur la pente fatale où le système des emprunts tel qu'il fonctionne le fait si malheureusement glisser, nous ne voyons qu'un seul moyen : ce serait d'adopter le Système des *Bons hypothécaires.* Ce moyen est le plus avantageux, car il permet d'éteindre absolument, dans un temps donné, toutes les dettes des États; tandis que tout autre moyen laisserait subsister les dettes et permettrait seulement (tout au plus) de mettre le budget en équilibre.

Maintenant, représentons à notre esprit que, bientôt, 5 milliards seront sortis de nos coffres pour payer les frais d'une guerre dont, comme dit Voltaire dans l'*Homme aux quarante écus :* « Je n'ai jamais su la raison, ayant seule-

» ment entendu dire que, dans cette guerre, il n'y avait rien
» à gagner du tout pour mon pays et beaucoup à perdre. »
Et demandons-nous s'il existe plusieurs expédients pour
faire face à la situation. Que l'on raisonne comme on voudra, un vide énorme s'est produit et va se produire dans la
monnaie en circulation.

En vain dira-t-on que l'activité commerciale fera promp-
tement rentrer une grande partie du numéraire disparu, il
n'en est pas moins vrai que la totalité ne rentrera point.
Nous saisissons cette occasion pour protester contre le patriotisme respectable, mais mal éclairé, des citoyens qui sont
d'avis de ne vendre aucun produit français aux Allemands ;
il faut, au contraire, leur vendre beaucoup de nos produits.
Il faut en vendre beaucoup, non seulement aux Allemands,
mais encore à toutes les nations ; c'est là un principe d'Éco-
nomie politique et une des bases de la fraternité des peuples.

Ces diverses considérations fortifient l'espoir que nous
avons de voir adopter par l'État le Système des Bons hypothécaires, qui, seul, peut procurer à la nation le numéraire
qui lui manque, ou tout au moins son équivalent, avec
toutes les sécurités désirables, et sans qu'il en coûte un
centime au Gouvernement.

Nous n'avons pas la prétention d'espérer que le public se
contentera de notre affirmation et qu'il acceptera notre idée
sans contrôle !

Nous n'en donnerions point le conseil nous-même. D'ailleurs, les théories dont on s'engoue trop aisément, et que
l'on met en pratique sans un examen suffisant, tombent la
plupart du temps dans une caducité prématurée.

Les promoteurs du Système ont là noble fierté qui sied
aux auteurs des grandes découvertes. Ils continuent leurs
sacrifices avec résignation et attendent patiemment la sanc-
tion infaillible des événements. Ainsi Bernard Palissy (s'il
nous est permis d'employer une comparaison qui semblera
peut-être orgueilleuse) alimentait son four à poterie aux
dépens des meubles de sa demeure, et se laissait traiter

d'insensé sans répondre, jusqu'à ce que la vue de ses chefs-d'œuvre commandât l'admiration à la multitude étonnée et confuse.

Nous le répétons, les promoteurs du *Système des Bons hypothécaires* ne cherchent pas à imposer leurs théories. Ils supplient seulement les hommes éclairés et animés de sentiments patriotiques d'étudier attentivement le Système, convaincus qu'il suffit de le comprendre pour devenir son partisan.

Comme nous le disions dans notre première édition, la présente Notice n'a aucune prétention au mérite littéraire. Elle tend uniquement à convaincre la population de l'utilité du Système qu'elle expose. S'adressant au plus grand nombre, ses principales qualités doivent être la brièveté et la clarté, car tout le monde n'a pas le temps de lire de longs écrits, et peu de gens s'astreignent à pénétrer les ouvrages obscurs.

Tout ce qui précède étant bien compris, nous entrons immédiatement en matière.

Et d'abord, la question qui se présente la première est celle-ci : En quoi consiste le *Système des Bons hypothécaires ?*

Pour y répondre, nous allons grouper sous les yeux du lecteur les points essentiels du Système. De cette façon, les avantages en ressortiront avec ensemble comme dans une sorte de tableau synoptique, et apparaîtront avec une parfaite netteté.

Troisième Partie

SYSTÈME DES BONS HYPOTHÉCAIRES

CHAPITRE Iᵉʳ

PRÉAMBULE

Jusqu'à ce jour, les emprunts contractés par la France ont été couverts avec empressement, quelquefois même avec enthousiasme, notamment celui de 1872, qui l'a été quatorze fois. Mais si, d'un côté, le public apporte ses espèces à l'État avec dévouement et confiance, d'un autre côté, l'État en dédommage le public par des avantages considérables attachés à la qualité de souscripteur aux emprunts qu'il émet.

Que faut-il à l'État, lorsqu'il emprunte ? La confiance de la population. Cette confiance lui est-elle donnée gratuitement ? Non ; il la paie, et il la paie très-cher. C'est le moment de nous débarrasser d'un préjugé doublé d'hypocrisie qui expose à bien des erreurs.

Lorsque l'État ouvre un emprunt, tout le monde va aux caisses publiques, et chacun s'écrie qu'il court offrir son argent au pays dans un élan patriotique. En fait, nous savons qu'on y met de l'empressement, parce qu'on y trouve largement son compte. L'État ne s'y trompe point, et il sait, lui aussi, que si les capitaux affluent au Trésor quand les emprunts sont ouverts, c'est à des conditions fort onéreuses qu'il les obtient.

Ce ne sont pas seulement les nationaux qui jouent le dévouement et simulent un beau zèle pour le bien de l'État réduit à emprunter ; les étrangers eux-mêmes accourent avec leurs portefeuilles et leurs cassettes. Les simples s'y laissent prendre, et des journaux naïfs s'attendrissent sur ces braves gens qui interviennent à leur manière, afin de cicatriser, au moyen de l'or, les blessures d'une nation que, d'après eux, le concours de voisins moins indifférents eût sauvée d'une défaite.

Alors on entend de profonds calculateurs soutenir que le paiement d'une indemnité de guerre, aussi forte qu'elle soit, n'amène pas la raréfaction du numéraire d'une façon appréciable, et qu'au fond tout se réduit (ou à peu près) pour l'État rançonné à payer l'intérêt à un taux un peu élevé du tribut qui lui est imposé.

En réalité, qu'est-ce qui se passe ? Les étrangers n'ont, le plus souvent, qu'un but : profiter de la prime attachée à la souscription. Ils cherchent à arriver les premiers pour gagner le prix de la course. Une fois qu'ils ont souscrit, ils se hâtent de vendre leurs titres dans le pays même où se fait l'emprunt, afin de réaliser un bénéfice considérable, et, cela fait, ils rentrent tranquillement chez eux.

Ce qu'on a pris trop souvent pour de la philanthropie internationale, n'était, hélas ! qu'une froide spéculation sur toutes les valeurs ; on se souvient, notamment, que, dans ces derniers temps, l'or a valu jusqu'à **quarante francs** le mille.

Pourquoi donc l'État refuserait-il de se procurer à bon marché ce qu'il a chèrement payé jusqu'à ce jour ? Il répondra, s'il le juge à propos. Pour nous, quoi qu'il doive arriver, nous croyons de notre devoir d'exposer le système que nous avons conçu. — Le voici.

§ 1er. — **Exposé du système.**

Plaçons-nous, par exemple, dans l'hypothèse suivante :

L'État doit 1 milliard ; le public est son créancier ; il faut un prêteur. Supposons, pour un moment, qu'un propriétaire, possesseur de biens-fonds ou de maisons, ait une fortune assez puissante pour dire au public :

« L'État va vous souscrire pour 1 milliard de billets à » ordre, payables dans tel temps ; vous négocierez ces » billets, vous les mettrez en circulation, vous les donnerez » et les recevrez au pair de leur valeur : je me porte caution » pour l'État ; pour sûreté et garantie de l'engagement que » je prends, j'hypothèque mes propriétés, qui valent le » double de l'argent qui vous est dû. »

Est-ce que cette opération n'offrirait pas la solidité la plus incontestable ? Évidemment, oui, car alors LE SOL DEVIEN-DRAIT L'ÉQUIVALENT DU NUMÉRAIRE.

Remplaçons maintenant ce propriétaire unique, impossible à rencontrer à cause de l'étendue de la garantie à fournir, par autant de propriétaires qu'il en faudra pour répondre de la somme due, et l'opération ne sera compliquée que dans ses détails, mais nullement dans son mécanisme.

Le Système sur lequel est basé le fonctionnement de la SOCIÉTÉ CIVILE DES BONS HYPOTHÉCAIRES est dû aux méditations de M. Moïse Castro, auteur de la *Comptabilité Universelle*, ouvrage qui lui a valu une médaille d'honneur. M. Castro s'est adjoint, dès le principe, M. Trubesset aîné, consul à Bordeaux, directeur-fondateur de la Compagnie d'assurances contre l'incendie *La Gironde*. Ces messieurs ont demandé le concours amical du rédacteur de la présente Notice, qui a eu pour mission de coordonner les matériaux de l'œuvre, de leur assigner une forme déterminée, et de dresser les Statuts provisoires de la Société. C'est l'analyse, faite à grands traits, de ce dernier travail, qui va passer sous les yeux du lecteur.

§ 2. — Formation de la Société civile des Bons hypothécaires.

MM. Castro et consorts ont organisé entre les propriétaires français une Société civile particulière de la nature de celle définie dans l'article 1841 du Code civil, sous la surveillance du Gouvernement, et sous la dénomination de Société Civile des Bons hypothécaires. La Société ne sera définitivement constituée que lorsqu'elle aura été autorisée par l'Assemblée Nationale. Sa durée sera illimitée. MM. Castro et consorts ne se réservent ni gestion, ni direction des affaires sociales.

Une pétition, qui est le résumé de la présente Notice, a été adressée à l'Assemblée Nationale, avec des exemplaires du projet de Statuts. Cette pétition a pour objet d'obtenir l'autorisation de constituer la Société.

Au moment où nous mettons ces lignes sous presse, l'Assemblée Nationale ne s'est pas encore occupée de notre pétition, mais nous savons que la treizième commission est chargée de son examen. (*Journal Officiel* du 14 juin 1872.)

§ 3. — But de la Société civile des Bons hypothécaires.

La Société Civile des Bons hypothécaires a pour but de faciliter les emprunts contractés par l'État, les départements, les communes et autres établissements publics (1), en constituant un ou plusieurs groupes de propriétaires, capables de contracter, qui garantiront, par des inscriptions hypothécaires, volontairement consenties sur la portion de leurs biens-immeubles libres de toute charge, le remboursement des Bons dont la Société fera l'émission, moyennant l'autorisation du Gouvernement et sous son contrôle.

---

(1) Dans cette Notice, nous n'avons traité que des emprunts faits par l'État. Notre Société garantit également ceux contractés par les départements, les communes et autres établissements publics ; mais les considérations auxquelles nous nous sommes livré sont évidemment applicables à tous les cas.

En d'autres termes, la Société Civile des Bons hypo-thécaires se porte caution vis-à-vis du public des engage-ments contractés envers lui par l'État, les départements et les communes.

La Société s'interdit toutes opérations de banque et d'es-compte, ainsi que toutes négociations de valeurs et d'effets publics, privés ou de commerce. Elle ne fera conséquem-ment aucune concurrence soit à la Banque de France, soit aux autres établissements financiers.

§ 4. — Des conditions requises pour être admis comme Sociétaire.

Pour être admis comme Sociétaire, il est indispensable d'être propriétaire d'immeubles libres de toute hypothèque et de toute charge. — Toutefois, on pourra admettre dans la Société les propriétaires dont les immeubles seraient déjà grevés d'hypothèques, si lesdits immeubles offraient une portion de leur valeur exempte de charges.

Les Sociétaires appelés à concourir à la formation de la garantie nécessaire pour l'émission des Bons de la Société, seront inscrits sur un registre à souche, et leur adhésion recevra un numéro d'ordre ; en sorte que chaque Sociétaire puisse participer, selon son rang d'inscription, aux emprunts cautionnés par la Société.

Chaque propriétaire, en entrant dans la Société, s'enga-gera, envers ses coassociés, à laisser prendre sur ses biens une inscription hypothécaire d'une somme égale à celle jus-qu'à concurrence de laquelle il promet de garantir les em-prunts à venir.

Cette inscription sera admise pour une partie quelconque (aussi faible que l'on voudra) et pour la moitié au plus de la valeur de la propriété offerte en garantie.

Le Sociétaire aura la faculté de déclarer, le jour même de l'engagement ou à une époque postérieure, s'il désire être inscrit sur le registre spécial pour être radié selon son rang de demande de radiation, ou bien s'il entend profiter des éventualités de radiation anticipée prévues dans différents articles des Statuts.

L'inscription consentie par le propriétaire n'empêchera nullement celui-ci de jouir, user et disposer de son bien, de le gérer, administrer, de le faire valoir et d'en percevoir les revenus. Il pourra même le vendre, et, dans ce cas, le nouveau propriétaire lui sera de plein droit substitué.

Tout Sociétaire recevra, à titre de dédommagement pour les obligations plus haut spécifiées, un intérêt annuel de 1 et 1/2 p. 100, calculé d'après le capital qu'il s'est engagé à garantir.

Tout Sociétaire pourra, sans le consentement des autres Sociétaires, s'associer une tierce personne relativement à la part qu'il aura dans la Société.

Les Sociétaires ne sont pas tenus solidairement des dettes sociales, et l'un des Sociétaires ne peut obliger les autres, si ceux-ci ne lui en ont conféré le pouvoir *(esprit de l'article 1862 du Code civil)*. Chaque Sociétaire n'est tenu que pour sa part dans la Société, c'est-à-dire jusqu'à concurrence du capital qu'il a garanti.

§ 5. — Limite des obligations de la Société Civile des Bons hypothécaires.

La Société Civile des Bons hypothécaires agissant comme une véritable caution, elle n'est obligée envers les créanciers que lorsque l'emprunteur ne remplit pas ses engagements *(esprit de l'article 2021 du Code civil)*.

L'amortissement annuel de chaque emprunt impliquant la diminution proportionnelle du capital de garantie, les propriétaires garants seront, dans leur ensemble, et selon un mode déterminé dans les Statuts, dégagés de leurs obligations à mesure que s'opérera ledit amortissement, et dans la proportion de la valeur amortie, soit 2 p. 100 par an,

§ 6. — Des emprunts selon le Système des Bons hypothécaires.

L'emprunteur, outre les frais nécessités par l'emprunt, paiera annuellement à la Société une somme de 4 p. 100, calculée sur le capital de l'emprunt contracté, pour les emprunts d'une durée de cinquante ans, et une somme de 6 p. 100 pour les emprunts, dont la durée sera fixée à vingt-cinq ans seulement. Moyennant l'accomplissement de cette condition, l'emprunteur sera, à l'expiration des cinquante ou des vingt-cinq ans, selon le cas, absolument libéré de son obligation, et le capital lui-même sera complètement amorti.

Le montant de l'emprunt sera compté à l'emprunteur en *Bons hypothécaires* émis par la Société, sous le contrôle et la surveillance du Gouvernement, en vertu d'une loi spéciale donnant cours légal, *mais non forcé*, auxdits Bons pour leur valeur nominale.

En aucun cas, ces Bons ne pourront être émis que pour une somme égale à celle des emprunts contractés, et inférieure de moitié aux garanties fournies par les Sociétaires.

Les *Bons* de la Société auront une valeur individuelle de 10, 20, 50, 100, 500 et 1,000 francs.

Chaque année, l'emprunteur paiera une somme de 4 p. 100, calculée d'après le chiffre de l'emprunt. Ces 4 p. 100 seront ainsi répartis : 1 et 1/2 p. 100 aux propriétaires-garants, 2 p. 100 à annuler, et 1/2 p. 100 à l'Administration.

Ce 1/2 p. 100 est destiné à couvrir toutes les dépenses administratives et à être versé au fonds de réserve, s'il y a de l'excédant.

Les 2 p. 100 qui constituent l'amortissement annuel, ou les 4 p. 100, si l'emprunt n'est contracté que pour vingt-cinq ans, sont annulés de la manière suivante :

L'emprunteur prend ses mesures pour payer, autant que possible, la somme qu'il acquitte annuellement en *Bons de* la Société. Ces Bons sont détruits suivant des règles posées dans les Statuts, jusqu'à concurrence de la fraction du capital qui doit être amortie. De cette façon, une quantité déterminée de Bons est, chaque année, retirée pour toujours de la circulation.

Si l'emprunteur ne pouvait réunir assez de Bons pour l'accomplissement de l'importante opération dont il vient d'être parlé, et s'il soldait tout ou partie en numéraire ou en billets de banque, le Conseil général de la Société, d'accord avec le Comité de Surveillance, ordonnerait le placement de ce numéraire ou de ces billets de banque à la Caisse des dépôts et consignations, et le Conseil d'Administration retirerait de la dite Caisse les sommes nécessaires, au fur et à mesure qu'il recevrait des Bons de la Société, jusqu'à concurrence de la somme à amortir.

§ 7. — **Ressources de la Société.**

Elles se décomposent ainsi qu'il suit :

L'État, une fois l'emprunt négocié, autorise la Société à émettre des Bons pour une valeur égale à la somme empruntée. L'emprunteur reçoit ces Bons et les applique à ses besoins. Ils ne tardent pas à circuler dans le public, et sont acceptés avec d'autant plus de sécurité, que leur remboursement est garanti par une hypothèque d'une valeur double de leur valeur nominale.

De son côté, la Société s'engage à recevoir ses *Bons* de la part de l'emprunteur, en paiement des 4 (ou des 6) p. 100 par an stipulés pour l'amortissement et les intérêts de la dette.

Nous avons détaillé plus haut l'emploi de ces valeurs.

Indépendamment des bénéfices ci-dessus indiqués, l'amortissement du capital laissera, chaque année, sans application, une partie des intérêts payés à la Société par l'emprunteur. La plus grande partie de cette somme inappliquée, qui s'accroîtra davantage d'année en année, sera employée à former des lots qui seront répartis par la voie du sort entre les Sociétaires, suivant des conditions de tirage déterminées par le Conseil d'Administration, avec approbation du Conseil général. Il pourra y avoir des lots de 5,000, 10,000, 20,000, 50,000 francs, et même des lots plus forts ; l'élévation des lots dépendra de l'importance des emprunts.

§ 8. — **Durée de la Société**.

La durée de la SOCIÉTÉ CIVILE DES BONS HYPOTHÉCAIRES est illimitée. Toutefois, les propriétaires - garants peuvent toujours se retirer individuellement pour les cas et suivant les modes prévus aux Statuts.

§ 9. — **Des contestations**.

Règle générale : la Société étant une Société civile, toute contestation ayant trait à ses opérations est de la compétence des tribunaux civils.

CHAPITRE II.

PRÉAMBULE

Après avoir exposé le Système des Bons hypothécaires, la formation de la Société indispensable à son fonctionnement, le but de cette Société, les conditions requises pour être admis à en faire partie ; après avoir tracé la limite des obligations contractées ; après avoir décrit le mécanisme nouveau des emprunts de l'État, des départements, des communes et autres établisssements publics ; après avoir détaillé les ressources de l'institution de Crédit projetée ; après avoir annoncé que sa durée serait illimitée et que les contestations qui pourraient s'élever relativement aux détails de ses opérations ressortiraient aux tribunaux civils ordinaires, il est nécessaire d'expliquer quelle sera la véritable position des Sociétaires, d'énumérer les principaux avantages qu'ils retireront, et de démontrer que leurs biens, loin de courir le moindre risque, ne feront qu'acquérir de la valeur.

Nous avons également à prouver que les établissements publics qui auront recours au *Système des Bons hypothécaires* en retireront les plus précieux services.

Nous avons le ferme espoir que cette double tâche va nous être facile, non à cause de notre talent personnel, mais par suite de l'évidence des choses.

§ 1er. — **Position des Sociétaires.**

La dernière guerre a considérablement amoindri les ressources de la France. Cette considération devrait inspirer, à elle seule, des sacrifices héroïques. Mais il n'est même pas utile de provoquer des sacrifices en cette circonstance. Laissons donc de côté la question patriotique, et ne raisonnons qu'au point de vue de l'intérêt.

La combinaison que nous proposons aux propriétaires français permet à ces derniers de concourir à toutes les entreprises importantes de l'État, non seulement sans exposer un centime, mais même *en réalisant un assez sérieux bénéfice.*

La monnaie fiduciaire que nous proposons a une grande analogie avec le billet à ordre, ou plutôt avec le contrat d'obligation ; elle participe, en réalité, de la nature de l'un et de l'autre. Les explications qui suivent en font d'ailleurs parfaitement connaître les caractères et ressortir les avantages.

§ 2. — **Avantages principaux en faveur des Sociétaires.**

La seconde question importante est celle de savoir si le système offre des avantages.

Prenons pour point de départ le revenu de la propriété en France. Les statistiques s'accordent généralement à ne pas porter, en moyenne, ce revenu au-dessus de 3 p. 100.

Cela étant, si, pour prix de la garantie fournie au public dans l'intérêt de l'État, celui-ci donne, par exemple, 1 et 1/2 p. 100 par an à tout propriétaire garant sur la somme qu'il a cautionnée, la propriété de celui-ci se trouve rapporter, quant à sa portion engagée, un revenu certain de 4 et 1/2 p. 100. Ainsi, un propriétaire qui se porterait caution pour 100,000 francs, recevrait 1,500 francs à titre de rémunération, lesquels, ajoutés aux 3,000 francs que lui rapportent ses 100,000 francs en propriété, formeraient un total de 4,500 francs, revenu à peu près égal à celui d'un capital placé au taux légal par contrat d'obligation. Et l'on ne perd pas de vue que tout est profit, puisque le propriétaire ne se dépouille de rien, même pour un moment.

Nous voulons aller au-devant d'une objection spécieuse que l'on ne manquera pas de nous faire, tant la Routine s'ingénie à trouver le Progrès en défaut.

« Votre Système est parfait en théorie, nous dira-t-on, » mais il est impraticable. En définitive, vous ne donnez aux » propriétaires-garants que 1 et 1/2 pour 100. Où rencon- » trerez-vous des gens qui consentiront à laisser prendre » hypothèque sur leurs biens moyennant une aussi faible » rétribution ? »

Tel sera, en résumé, le langage de nos adversaires, et nous ne pensons pas qu'ils puissent imaginer un plus fort argument pour nous combattre.

Nous pourrions nous contenter d'imiter ce philosophe qui confondit les négateurs du Mouvement en marchant devant eux, et dire à nos contradicteurs : « Laissez-nous commen- cer, et vous verrez si les propriétaires viendront grossir nos rangs. » Mais nous avons le désir de gagner à notre cause ceux qui s'en seront faits les ennemis. Aussi acceptons-nous volontiers la tâche de justifier nos idées jusque dans leurs moindres détails.

On nous reproche de ne donner aux propriétaires-garants que 1 et 1/2 p. 100. C'est se placer à un point de vue défectueux.

Assurément, nous ne tirons de la caisse de la Société que 1 et 1/2 p. 100; mais, en fait, nous augmentons d'autant le revenu de la propriété foncière. Ainsi, comme nous l'avons dit plus haut, une propriété garantissant 100,000 francs rapporte 1,500 francs DE PLUS qu'elle ne rapportait avant d'être engagée. Peu importe, du reste, que la propriété foncière produise, suivant le calcul des statisticiens, 3 p. 100, ou qu'elle produise 4, 5, 6, 10 ou 20 p. 100; nous parvenons, par notre système, à lui faire produire 1 et 1/2 p. 100 DE PLUS, dans tous les cas. Au surplus, les propriétaires qui dédaigneront ce surcroît de rentes seront libres de rester en dehors de la Société; nous espérons recevoir assez d'adhésions pour nous consoler d'avoir rencontré des dissidents.

On ira peut-être plus loin, et l'on nous fera observer que recevoir 1 et 1/2 p. 100 à la condition de consentir une hypothèque, c'est un bien modique salaire.

Nous répondrons encore : Qu'on nous permette d'essayer, et l'on jugera si les propriétaires se déclarent satisfaits. **Nous pouvons même affirmer que nous n'avons pas rencontré une seule opposition de la part des nombreux propriétaires auxquels nous avons communiqué notre système, et que tous nous ont formellement promis leur adhésion immédiate. Nous publierons leur liste en temps opportun.**

Nous ajoutons ceci : Toute rémunération est suffisante lorsqu'elle est proportionnée au service rendu, et l'importance du service est appréciée eu égard au péril auquel s'expose celui qui le rend. Il s'agira, par conséquent, d'examiner le danger que court le propriétaire en se portant caution pour l'État. Nous le démontrerons, il ne court aucun danger.

Il ne sera pas inutile d'établir ici un petit parallèle entre le propriétaire-garant qui conserve la libre disposition de ses biens, et le capitaliste qui se dessaisit de son argent.

Le propriétaire-garant (tout en touchant la prime de 1 et 1/2 p. 100, ce qui constitue une plus-value en faveur de sa propriété) jouit, use et dispose de son domaine ; s'il vend son bien, l'acquéreur peut se mettre à son lieu et place et retirer les mêmes avantages que lui ; par des combinaisons sagement calculées et clairement développées dans les Statuts, il a la faculté de rétracter son engagement le jour même où il l'a contracté, sans payer ni amende ni indemnité, et de faire radier l'inscription qui grève ses biens, radiation d'autant plus facile que la souscription est constamment ouverte à l'effet de remplacer les Membres de la Société qui se retirent pour une cause quelconque ; enfin, il peut, au moyen de la prime annuelle qu'il touche, s'aider à désintéresser ses autres créanciers.

Le capitaliste, au contraire, effectue un versement réel ; dès que ses espèces sont comptées, elles ne lui appartiennent plus ; il ne peut désormais, à aucune époque, exiger le remboursement ; en échange de son numéraire à jamais aliéné, on lui délivre un titre qu'il peut négocier, il est vrai, en le transférant à une autre personne, mais en courant toutes les chances aléatoires attachées aux fluctuations de la Bourse. Un titre qui lui a coûté 20,000 francs, il peut se voir contraint, en temps de crises ou dans un moment où il a besoin d'argent, de le vendre 17 ou 18,000 francs. Par suite, un placement très-avantageux en apparence est exposé à devenir ruineux, et le bailleur de fonds perd souvent une partie de son capital, quand il s'attendait à percevoir d'énormes intérêts.

Loin de nous de chercher à déprécier les placements en rentes sur l'État. Ils sont généralement fructueux. Mais nous avons bien le droit de faire ressortir que ces placements ne sont pas à l'abri de tout danger.

Le capitaliste qui prête ses fonds à un particulier sur première hypothèque n'est pas lui-même absolument garanti contre la perte de ses deniers. Que la maison, par exemple, sur laquelle repose son hypothèque, vienne à être incendiée, et que la Compagnie qui l'avait assurée soit insolvable, qu'arrivera-t-il? C'est que tout sera perdu pour le prêteur. Le cas est rare, nous l'accordons; mais, enfin, il est possible, et cela suffit.

De plus, il arrive souvent que le prêteur exige de l'emprunteur que celui-ci assure la maison hypothéquée; mais rien ne garantit au prêteur que l'emprunteur paiera sa prime d'assurance; or, la Compagnie, à défaut de régularité du paiement de la prime, est en droit de refuser d'acquitter l'indemnité en cas de sinistre. Nous pourrions multiplier les exemples.

Le prêteur sur hypothèque, *en se dépouillant,* ne touche jamais qu'un revenu de 5 p. 100. Le propriétaire-garant, au contraire, arrive à toucher un minimum de 4 et 1/2 p. 100 et *conserve la disposition complète de sa chose.*

Aux avantages certains ci-dessus énumérés s'en ajoutent plusieurs autres. Le premier, c'est que, par suite de combinaisons sagement réglées, tout propriétaire admis dans l'Association peut en sortir, pour ainsi dire, à chaque instant et y rentrer à sa guise. Le second, c'est que la manière économique dont seront administrées les affaires sociales, permettra d'avoir un fonds de réserve important sur lequel seront prélevées, tous les ans, des sommes relativement considérables qui formeront des lots, au tirage desquels les associés participeront, par la voie du sort, avec des chances de gain proportionnelles à l'importance des garanties souscrites par eux.

Comme l'objet de cette Notice est de vulgariser le Système des Bons hypothécaires et de le faire comprendre aux moins attentifs, nous ne saurions trop revenir sur la véritable position que prendront les propriétaires-garants dans la Société. Par conséquent, nous voudrions, si cela était possible, définir cette position à chaque page, afin que celui qui ouvrira la brochure au premier endroit venu et parcourra d'un œil distrait le passage qu'il aura devant lui, saisisse, sans autre effort, le mécanisme du Système. Nous voudrions encore, dans l'intérêt de celui qui a la patience de nous lire d'un bout à l'autre, mais que nous n'avons pas le bonheur de convaincre tout d'abord, nous voudrions, disons-nous, présenter fréquemment, sous une forme nouvelle, le résumé de nos idées, afin que les charmes de la variété obtinssent un succès rebelle à la monotonie.

La position du propriétaire-garant est celle-ci :

La Société des Bons hypothécaires lui accorde un *boni* de 1 et 1/2 p. 100, afin qu'il lui concède (à elle Société) le **droit** d'émettre des Bons, des espèces de billets de banque, jusqu'à concurrence de la moitié de la valeur pour laquelle il répond en quelque sorte de la solvabilité de la Société en question. — Ce que nous venons de dire pourrait être plus élégamment tourné, mais la clarté y perdrait. — En échange de ce simple **droit,** de ce **ducroire** (comme on nous a proposé de mettre), de cette **caution** anodine, de cette **garantie** inoffensive, le propriétaire reçoit l'indemnité (le *courtage,* si l'on veut) dont nous avons parlé, qui augmente considérablement son revenu, participe aux chances de tirage des lots, et conserve la pleine et entière disposition de son domaine. L'inscription à laquelle il consent sur ses biens n'a donc rien d'onéreux, loin de là ; c'est, pour ainsi dire, une simple **hypothèque morale.** En d'autres termes, de même que la Banque de France a un encaisse *métallique,* de même la Société civile des Bons hypothécaires aura un encaisse *territorial.*

L'engagement, quoique réel, du propriétaire-garant n'étant qu'un *supplément de garantie,* une *hypothèque supplémentaire,* un *simple droit* qu'il accorde à la Société pour faciliter la circulation des Bons de cette dernière dans le public, le propriétaire pourra, nonobstant l'hypothèque qu'il a consentie, se procurer de l'argent avec la plus grande facilité, s'il se trouve dans la nécessité d'emprunter lui-même.

En effet, dans les emprunts d'État, le capitaliste abandonne son argent moyennant un intérêt de . ..., avec la certitude que l'État ne lui remettra jamais directement la somme versée. Par suite, le même capitaliste ne serait pas logique, s'il ne saisissait pas l'occasion de placer son argent entre les mains d'un propriétaire ayant souscrit à la Société des Bons hypothécaires, alors que ce propriétaire peut d'abord lui déléguer sa prime de 1 et 1/2 p. 100, ce qui assure le service d'une partie des intérêts ; alors que le Gouvernement protége et surveille la Société ; alors, enfin, qu'il lui restera, à lui prêteur, une large surface territoriale pour asseoir sa propre hypothèque.

Les adversaires de notre Système qui pourront se rencontrer seront les plus grands ennemis des propriétaires. Les propriétaires qui n'ont pour toute fortune que des biens-immeubles, ne peuvent, en effet, presque jamais participer aux emprunts de l'État, car il est reconnu que le possesseur du sol, qui ne cultive pas ses terres de ses mains, est généralement dans un état voisin de la gêne. Aussi un grand nombre de propriétaires sont-ils réduits à contracter des emprunts à 5 p. 100, au moins, par an. Et comme la terre ne produit, terme moyen, que 3 p. 100, le propriétaire se voit bientôt contraint d'emprunter de nouveau pour payer le premier capital, et quelquefois même l'arriéré des intérêts. Les propriétaires éviteront cet écueil en adhérant à la Société des Bons hypothécaires.

Supposons un propriétaire possédant des biens ayant une valeur de 300,000 francs. Ils lui rapportent environ 9,000 francs. Avec les charges de toute nature qu'entraîne une propriété de 300,000 francs, 9,000 francs de revenu sont insuffisants ; 2 à 3,000 francs de plus sont nécessaires. Nous l'avons dit, dans cette situation, le propriétaire se voit contraint d'emprunter.

Puis, la difficulté qu'il éprouve à désintéresser son bailleur de fonds, le force à s'obérer de plus en plus.

Au contraire, si le propriétaire dont nous parlons souscrit

à la Société des Bons hypothécaires pour 150,000 francs, ses revenus sont augmentés, par ce fait seul, de 2,250 francs, circonstance qui le met au niveau de ses affaires. En somme, les 150,000 francs qu'il engage dans la Société arrivent à lui rapporter 4 et 1/2 p. 100, c'est-à-dire à peu près autant que si le propriétaire disposait de cette valeur en numéraire et la plaçait au taux légal.

De plus, le propriétaire qui touche la prime de 1 et 1/2 p. 100 est un véritable porteur de rentes sur l'État, puisque c'est l'État qui emprunte et qui promet 4 p. 100 d'intérêts pendant cinquante ans; 4 p. 100 sur lesquels le propriétaire-garant touche 1 franc 50 centimes. Et le propriétaire a cet avantage sur le rentier qu'il ne se dessaisit pas de son capital, et qu'il peut en disposer à sa guise.

Eh quoi! les propriétaires ne craignent pas de consentir une hypothèque extrèmement onéreuse pour eux au profit du Crédit Foncier qui leur prend de l'argent, et ils hésiteraient à en consentir en faveur du Gouvernement, qui leur en donnerait?..... Ce n'est pas admissible, et nous avons la conviction que les avantages de notre Système feront plus de prosélytes encore que nous n'en concevions d'abord l'espérance.

Venez donc à nous, vous tous, hommes sensés et clair-voyants; venez et jugez notre idée. Venez décider si vous trouvez bon :

1º Que l'État contracte (lorsque la nécessité s'en fera sentir) un emprunt qui, négocié, pour ainsi dire, sans frais, s'amortisse de lui-même et fournisse les moyens d'amortir les emprunts antérieurs;

2º Que les crises monétaires et financières soient prévenues;

3º Que le travail soit assuré aux ouvriers;

4º Que les propriétaires soient amenés, par l'augmentation de leurs revenus, à améliorer leurs terres, à obtenir d'abondantes récoltes, et à diminuer par là la cherté des vivres.

Revenons un instant sur cette prime de 1 et 1/2 p. 100, que quelques personnes affectent de trouver peu rémunératoire, et prenons l'exemple d'un propriétaire s'étant engagé pour 100,000 francs. Admettons maintenant que l'Assemblée Nationale et le Gouvernement n'aient pas adopté le mode d'amortissement avec lots décrit dans une autre partie de la présente Notice. Admettons que le mode adopté soit l'amortissement avec décroissance de garantie; que se produira-t-il?

Le voici : L'amortissement étant de 2 p. 100 sur l'ensemble de l'emprunt, chaque propriétaire-garant sera dégrevé, après la première année, de 2 p. 100 de la garantie qu'il doit; la troisième année, il se trouvera dégrevé de 4 p. 100; la quatrième, de 6 p. 100, ainsi de suite jusqu'à complet amortissement. Et cependant, il touchera toujours ses 1,500 francs de prime. De cette façon, lorsqu'on approchera du terme de l'emprunt, la garantie sera presque nulle et le bénéfice sera constamment le même. Ainsi, vers les dernières années, le propriétaire-garant se trouvera toucher une prime qui sera, non plus de 1 et 1/2 p. 100, mais qui approchera de 100 p. 100. Maintenant, revenons à l'amortissement avec lots.

Prenons un exemple. Supposons toujours que l'État a emprunté 1 milliard d'après notre Système, à 4 p. 100 pendant cinquante ans, amortissement compris. La première année, l'État compte 40 millions à la Société. Vingt millions sont annulés. — Nous négligeons ici les détails de cette opération, qui sont expliqués ailleurs. — Quinze millions sont distribués aux propriétaires-garants, à titre de rémunération, et les 5 derniers millions sont affectés aux dépenses générales et autres frais administratifs. Donc, la première année, il n'y aura pas de fonds disponibles pour former des lots.

Mais, à partir de la seconde année, l'amortissement des 2 p. 100, autrement dit des 20 millions annulés l'année précédente, sera cause que l'Administration de la Société aura à sa disposition une somme sans emploi.

En effet, l'État paie toujours, annuellement, la même

somme. Mais, tous les ans, 2 p. 100 de garantie sont annu-lés, puisque la dette est diminuée d'autant.

Ce sont donc, la deuxième année, 2 p. 100 sur les 15 millions à répartir aux propriétaires-garants, soit 300,000 francs, qui seront disponibles pour former des lots. Ce seront 600,000 francs la troisième année; 900,000 francs la quatrième; 1,200,000 francs la cinquième; ainsi de suite, en augmentant de 300,000 francs par an, jusqu'à l'amortissement complet de l'emprunt. On comprend que, la dernière année, la somme à répartir sera de 14,700,000 francs.

Nous rappelons, en outre, ce qui est déjà dit ailleurs, à savoir que : 1° le Sociétaire a la faculté de se retirer en quelque sorte à son gré; 2° que l'inscription consentie sur sa propriété n'apporte pas la moindre entrave à ses droits de propriétaire; 3° que ses revenus sont augmentés dans tous les cas de 1 et 1/2 p. 100; 4° qu'il peut s'associer, sans le consentement des autres Sociétaires, une tierce personne relativement à sa part dans la Société; 5° que les Sociétaires ne sont pas tenus solidairement des dettes sociales, et que chacun n'est tenu que jusqu'à concurrence du capital qu'il a garanti; 6° qu'au surplus, la *Société Civile* des Bons hypothécaires, dans son ensemble, n'est elle-même obligée envers les créanciers que lorsque l'emprunteur ne remplit pas ses engagements; 7° enfin, que l'amortissement annuel de chaque emprunt impliquant la diminution proportionnelle du capital de garantie, les propriétaires-garants seront, dans leur ensemble, et selon un mode déterminé dans les Statuts, dégagés de leurs obligations à mesure que s'opérera le dit amortissement, et dans la proportion de la valeur amortie, soit 2 p. 100 par an.

Nous avons proclamé que nous n'avions l'intention de aire concurrence à personne. Nous pouvons fonctionner parallèlement avec toute autre institution de crédit, même avec la Banque de France.

Mais, sans vouloir nuire à personne, il nous est bien permis de faire ressortir la supériorité de nos Bons ; et, puisqu'il vient d'être question de la Banque, nous rappelons que ses billets offrent une assiette bien moins solide que les nôtres.

§ 3. — Danger nul.

Le troisième point important, relatif au système des Bons hypothécaires, c'est de rechercher s'il présente des dangers.

Il est donc essentiel d'examiner à quoi s'exposeront les propriétaires qui se porteront ainsi caution pour l'État. D'après les Statuts que nous avons préparés, Statuts qui seront soumis à l'approbation de tous les intéressés, en la personne de leurs mandataires ou représentants, les propriétaires qui feront partie de la Société civile des Bons hypothécaires ne courront d'autres risques que ceux des cautions ordinaires. En d'autres termes, leur sort sera réglé par le Code civil.

Or, l'article 2021 du Code civil dispose que la caution n'est tenue de payer qu'après que la solvabilité du débiteur principal aura été discutée.

Conçoit-on, si l'on réfléchit à cette diposition législative, que les propriétaires, cautions de l'État, soient jamais en péril d'être expropriés ? Il faudrait, pour qu'on en arrivât à cette catastrophe, que l'État eût fait ouvertement et complètement banqueroute. Et, dans ce cas, tout, dans l'ordre social, ne serait-il pas mis en question, même le sort de la Propriété ?...

De plus, dans l'hypothèse inadmissible où les Bons hypothécaires viendraient à éprouver un peu de défaveur, est-ce que le nombre des propriétaires garants ne serait pas assez considérable pour imposer, par ce fait seul, la circulation des Bons ?

Là où serait le danger, au contraire, ce serait dans la résolution que prendrait le Gouvernement d'augmenter les impôts qui pèsent sur la propriété.

Si, après avoir épuisé toutes les autres sources de revenus publics, l'État se voyait dans la fâcheuse extrémité de décréter de nouveaux impôts sur la propriété, la conséquence immédiate serait le renchérissement des denrées et des loyers. Et, certes, les loyers et les objets de consommation sont assez chers. Il ne faut pas se le dissimuler, ce serait alors la crise la plus terrible que jamais nation ait traversée.

La vie se tire du sol.

Quand le blé, principal élément de la nutrition, devient hors de prix, ce ne sont plus seulement les passions politiques qui élèvent la voix, c'est la faim qui pousse son épouvantable cri de détresse. Cri sans pitié, mais légitime.

Donc, pour que le propriétaire garant courût un danger, il faudrait supposer la banqueroute de la France, ce qui est absurde. L'hypothèse d'une banqueroute est inadmissible. Et puis, étant admis qu'elle fût possible à une époque quelconque, est-ce que la cohésion des propriétaires en une Société constituée pour cautionner l'État, ne conjurerait pas à tout jamais un semblable désastre? Incontestablement. Et, nous le répétons, si, par impossible, la banqueroute de l'État était déclarée, le droit de propriété serait lui-même mis en question. Il y va donc de l'intérêt des propriétaires de former la SOCIÉTÉ CIVILE DES BONS HYPOTHÉCAIRES.

§ 4. — Avantages principaux en faveur de l'État.

Enfin, une question qui doit nécessairement être mise en lumière et traitée à part, c'est l'exposé des avantages considérables que l'État retirera du fonctionnement de la Société civile des Bons hypothécaires.

Il s'agit de rendre les futurs emprunts aussi peu onéreux

que possible, et de leur faire augmenter le moins que l'on pourra la dette générale du pays.

Ce résultat ne nous paraît pas impossible à atteindre. Il suffit, pour l'obtenir, de réveiller le patriotisme ou même seulement l'intérêt des propriétaires français.

L'esprit de parti ne nous dirige ici en aucune façon. A quelque opinion politique que nous appartenions, nous n'envisageons qu'une chose : le bien de la France.

Supposons le moment venu pour l'État de contracter, par exemple, un emprunt de 1 milliard de francs. C'est un fait certain que cette somme ne sera pas réunie en numéraire.

Admettons cependant que la plupart des souscripteurs fassent leurs versements en espèces métalliques. L'argent monnayé deviendra d'autant plus rare dans la circulation. Il faudra pourtant pourvoir aux nécessités des transactions. Comment s'y prendra-t-on? Tâchons de prévoir les mesures auxquelles le Gouvernement aura la faculté de s'arrêter.

Augmentera-t-il les impôts? Mais les contributions de toute nature qui existent déjà sont extrêmement lourdes. Si de nouvelles impositions sont décrétées, les dernières ressources des citoyens s'épuiseront ; le mécontentement deviendra général ; la défiance s'ensuivra ; les rares détenteurs de la monnaie la cacheront ou l'emporteront à l'étranger, dans la crainte d'une crise terrible ; l'Industrie sera intimidée ; le Travail sera interrompu ; la cherté des vivres et des objets de première nécessité viendra s'ajouter à toutes ces calamités, et les esprits pénétrants entrevoient quelles catastrophes pourraient être amenées par l'aggravation des lois fiscales.

C'est ici le lieu de rappeler que la pénurie d'argent a toujours préparé l'Anarchie et toutes ses conséquences funestes.

A quelque point de vue que l'on se place, on s'apercevra qu'un vide s'est fait dans la monnaie en circulation, et qu'il faut, à tout prix, se procurer des matériaux pour combler le gouffre béant qui menace d'engloutir les débris de la France.

L'État fera-t-il fabriquer des espèces ? Mais en quelle monnaie paiera-t-il le cuivre ou les métaux précieux ?.......

Autorisera-t-il la Banque de France à émettre une nouvelle quantité de billets ? Mais, à tort ou à raison, le public est convaincu que les billets de banque actuellement en circulation représentent quatre ou cinq fois la valeur de l'encaisse métallique de notre premier établissement financier.

Permettra-t-il encore à une compagnie de banquiers de créer d'autres *bons de monnaie* ? Ce parti ne nous semblerait pas prudent, car, si jusqu'à présent le public a eu confiance dans ces papiers, dont cependant la garantie n'est pas *matériellement* évidente, leur réapparition sur le marché français pourrait peut-être manquer de crédit, rompre l'équilibre et jeter le désarroi dans les affaires.

En résumé, quelle est la pensée qui devra dominer dans l'esprit du Gouvernement, lorsqu'il s'occupera de parer aux éventualités toujours périlleuses d'une crise monétaire ? — C'est celle-ci : ne pas répandre sur le marché français du papier-monnaie dont le remboursement éventuel ne soit pas assuré par des garanties indiscutables.

Nous venons de démontrer que les deux modes usités jusqu'à cette époque pour l'émission des papiers-monnaies étaient désormais impraticables, du moins pendant une période de quelques années.

Et pourtant, c'est une monnaie fiduciaire que nous proposons d'établir. Mais combien elle sera différente du papier-monnaie ordinaire, dont la valeur n'est jamais couverte que par un encaisse métallique déposé dans des coffres placés hors du contrôle du vulgaire, et plus ou moins susceptible d'être altéré quant à son intégrité !

Continuons à nous servir, comme type, d'un emprunt de 1 milliard. Que fait l'État lorsqu'il décide l'emprunt ? Il annonce que tout capitaliste qui s'engagera, par exemple, à verser 80 francs, aura droit à un titre qui lui donnera 5 francs de rente. Par une fiction adoptée dans le langage financier, on appelle ces titres *des titres de rente cinq pour cent*, mais il est facile de reconnaître que le capitaliste place de cette manière ses fonds *au denier seize*, au lieu de les placer *au denier vingt*; au lieu de les placer à 5 p. 100, il les place à 6 p. 100, plus une fraction.

Le dernier emprunt n'a pas été émis à un taux tout à fait aussi bas que 80 frans, mais nous avons l'intime conviction que le prochain, si l'État était contraint d'en ouvrir un nouveau, ne serait aisément couvert qu'à la condition de procurer des titres de 5 francs de rente pour 80 francs réellement versés.

La Société civile des Bons hypothécaires est la seule institution de Crédit qui présente un moyen de diminuer les charges publiques au lieu de les augmenter. Seule, elle évite de nouveaux impôts; seule, elle fait gagner à l'État le capital emprunté, puisque, moyennant 4 p. 100 pendant cinquante ans, l'État parvient à éteindre intégralement sa dette, tandis que, par le système ordinaire des emprunts, il paie des intérêts qui dépassent 6 p. 100, et voit augmenter sa dette consolidée, attendu que le capital n'est jamais remboursé.

Exposons encore un immense avantage que pourrait retirer l'État de notre Système. Dans ses Statuts, la Société propose à l'État de prendre, tous les ans, sur le fonds de réserve, une certaine somme destinée à acheter des rentes dont les titres seraient annulés à des conditions déterminées. L'État lui-même, s'il recevait dans ses caisses plus de *Bons hypothécaires* qu'il ne lui en faut pour payer annuellement à la Société les 40 millions (nous raisonnons toujours sur l'exemple d'un milliard emprunté), l'État pourrait user de son droit imprescriptible de racheter ses propres rentes antérieures.

De cette manière, au bout d'un temps plus ou moins long, l'État s'acheminerait vers la solution du grand problème de l'Amortissement de la Dette Nationale.

Effectivement, les Emprunts contractés d'après notre Système n'augmentent pas la Dette, puisque : 1º les frais minimes qu'ils occasionnent sont pris sur eux-mêmes; 2º ils s'amortissent par leur propre essence ; 3° ils possèdent un fonds de réserve qui permet de racheter des rentes antérieures.

De plus, dans un temps donné, l'État ayant amorti une grande partie de sa dette consolidée, pourrait diminuer certains impôts, attendu qu'il aurait moins d'intérêts à payer aux rentiers.

On conçoit que nous ne nous étendions pas plus longuement sur ce point. Pour exposer d'une façon complète les avantages divers de notre Système, il faudrait reproduire ici, en entier, le projet de Statuts de la SOCIÉTÉ CIVILE DES BONS HYPOTHÉCAIRES ; or, la présente Notice a justement pour but de les résumer, afin d'en épargner au public la longue et laborieuse lecture

§ 5. — Frais de premier établissement.

Les promoteurs de la SOCIÉTÉ CIVILE DES BONS HYPOTHÉCAIRES font l'avance des frais de publicité et autres nécessaires à la vulgarisation de leur système. Ils pourvoiront à toutes les dépenses jusqu'à ce que la Société soit constituée. Elle sera considérée comme telle, lorsque le Conseil général, composé des premiers adhérents ayant souscrit pour les plus fortes sommes, aura été réuni, et qu'il aura nommé le Conseil d'Administration et le Directeur.

§ 6. — Administration de la Société.

Les promoteurs ne se réservent ni gestion ni direction des affaires sociales.

La Société sera administrée par un Conseil d'Administration et par un Directeur nommé par le Conseil général.

A côté de ce Conseil d'Administration fonctionnera un Comité de surveillance composé de tel nombre de propriétaires garants que le Conseil général jugera nécessaire d'en désigner, et de tel nombre de commissaires que le Gouvernement jugera à propos d'y adjoindre, sans toutefois que le nombre des commissaires dépasse celui des délégués du Conseil général.

Les opérations purement administratives et les détails de la gestion constitueront les attributions spéciales du Directeur, qui aura dans son service : les sous-directeurs, les inspecteurs généraux, les directeurs départementaux, les agents d'arrondissement, et, en un mot, tous les collaborateurs actifs de la Société, **parmi lesquels nous espérons compter les notaires en première ligne.**

Il sera, autant que possible, publié des comptes-rendus sténographiques des séances du Conseil général de la SOCIÉTÉ CIVILE DES BONS HYPOTHÉCAIRES. Dans tous les cas, à la fin de chaque session, les procès-verbaux réguliers des séances, approuvés par un vote solennel du Conseil général et signés par les membres du bureau, seront insérés *in extenso* dans cinq des principaux journaux de Paris, et dans dix journaux des principales villes de France.

CONCLUSION.

Tel est l'abrégé des Statuts de notre Société. Nous n'avons, dans la présente Notice, reproduit que les articles (ou plutôt l'esprit des articles) qui donnent le plus clairement possible la connaissance du but et du fonctionnement de la Société. Le reste consiste en des dispositions réglementaires, portant sur le mécanisme administratif et sur les rouages secondaires du système.

Que les lecteurs se pénètrent bien de ceci : c'est d'abord que la SOCIÉTÉ CIVILE DES BONS HYPOTHÉCAIRES agit au grand jour et qu'elle demande surtout à être surveillée, car, plus elle sera surveillée, plus elle gagnera dans la confiance du public; c'est, en second lieu, que tout citoyen intelligent et dévoué à son pays, ou seulement éclairé sur ses propres intérêts, ne peut manquer d'adhérer à cette importante entreprise.

RÉSUMÉ GÉNÉRAL.

Bien que nous soyons revenus sans relâche, dans cette Notice, sur les principaux avantages de notre système, nous tenons à les grouper une dernière fois sous les yeux du lecteur.

Si les Bons hypothécaires sont autorisés, l'État gagnera le capital emprunté en cinquante ans ou en vingt-cinq ans, selon que le taux sera 4 ou 6 p. 100.

Les nouveaux emprunts n'augmenteront donc pas, en réalité, la Dette publique; bien plus, ils contribueront à l'amoindrir, car les fonds qu'ils laisseront disponibles pourront être appliqués à un amortissement véritable.

L'abondance des capitaux fera fleurir le Commerce et l'Industrie.

Les ouvriers auront un travail constamment assuré et fructueux.

Tout citoyen qui n'a d'autre fortune qu'une parcelle du sol pourra souscrire aux emprunts (ce qui n'était pas possible jusqu'à présent) et jouira de l'incomparable avantage de voir augmenter dans tous les cas son revenu de 1 et 1/2 p. 100, sans se dessaisir de son avoir et sans courir le moindre risque. Ajoutez à cela que cette augmentation de revenu sera certaine, puisque c'est l'État qui paiera, et qu'il faudrait une banqueroute nationale pour arrêter le service des intérêts, ce qui est inadmissible.

L'hypothèque consentie par le propriétaire ne servira qu'à donner du crédit et de l'autorité à l'État pour faciliter la circulation des Bons. En récompense de ce service, l'État délivrera au propriétaire un titre de rente qui subsistera jusqu'à l'amortissement complet de l'emprunt. Par notre

Système, le propriétaire arrive à obtenir un revenu de 4 et 1/2 p. 100, tout en conservant son bien avec la faculté de le vendre, tandis que le capitaliste ne reçoit pas plus de 5 p. 100, alors qu'il se dépouille de son argent sans savoir s'il le ressaisira jamais.

On a vu des banquiers escompter des effets, quand l'argent abondait, à 2 p. 100, et même à 1 et 1/2 p. 100 de change. Les propriétaires toucheront aussi 1 et 1/2 p. 100 *sans débourser un centime.*

Des capitalistes qui comprennent le Système ont affirmé qu'ils n'hésiteront pas à prêter, le cas échéant, aux propriétaires garants, parce qu'ils considèrent l'hypothèque de notre Société comme supplémentaire, c'est-à-dire comme un supplément de garantie ajouté au Crédit de l'État. Or, disent-ils, le Crédit de l'État est si grand, que l'hypothèque peut être considérée comme n'existant pas.

Tous ces avantages forment un heureux contraste avec les noires prévisions que fait naître la perspective des nouveaux emprunts à contracter suivant les errements de la routine. Aussi, de nombreux propriétaires, éclairés sur l'excellence de notre Système, attendent-ils avec impatience le moment de se faire inscrire.

BOURGOINT-LAGRANGE,

Substitut du Procureur de la République, à Ruffec (Charente).

Les adhésions provisoires sont reçues chez M. TRUBESSET, cours des Fossés, n° 92, à Bordeaux.

Quatrième Partie.

DISCUSSION DE QUELQUES OBJECTIONS

I. — Nous ne voulons pas terminer ces Notes sans répondre à certaines critiques de détail qu'un journal a adressées au Système des Bons hypothécaires, tout en reconnaissant que notre programme méritait d'être « analysé avec la plus grande attention. »

Le journal *la Gironde*, dans son numéro du 9 juillet 1872, a consacré au Système des Bons hypothécaires un long et bienveillant article. Mais, tout en s'efforçant de juger le Système avec la plus grande impartialité, l'auteur de cette étude est tombé dans quelques erreurs que nous lui demandons la permission de rectifier.

Ainsi, dans notre première édition, nous avions écrit :

« Chaque année, l'emprunteur paiera une somme de » 4 p. 100, calculée d'après le chiffre de l'emprunt. Ces » 4 p. 100 seront ainsi répartis : 1 et 1/2 p. 100 aux proprié- » taires garants, 1/2 p. 100 pour couvrir les frais d'Admi- » nistration, et 2 p. 100 à annuler. Sur le 1/2 p. 100 retenu

» par l'Administration, 10 centimes seront alloués à MM. Cas-
» tro, Trubesset et consorts, pour les rémunérer d'avoir été
» soit les promoteurs, soit les organisateurs de la Société et
» les couvrir de leurs déboursés. »

A ce sujet, l'honorable écrivain de *la Gironde* se livre au
calcul que voici : « Sans être nullement tenus de fournir
» d'inscriptions sur leurs propriétés, ni de se charger des
» frais d'Administration, les promoteurs de l'entreprise
» n'auraient cependant, en cas de réussite, droit pour leurs
» peines et soins et les frais qu'ils auront exposés, à rien
» moins qu'à une rétribution (annuelle, bien entendu) de
» 1 million, étant certain que 10 centimes sont à 100 fr.
» comme 1 million est à 1 milliard. »

Ce calcul est très-exact, mais les conclusions qu'il provoque ne sont point équitables. D'après le raisonnement du
critique, le Projet des Statuts de la Société civile des Bons
hypothécaires ferait la part trop belle aux promoteurs et
organisateurs du Système.

Nous répondons d'abord que les Statuts ne sont encore
qu'à l'état de simple projet ; qu'ils ne lient absolument personne ; qu'il appartient à l'Assemblée Nationale et au Gouvernement, saisis d'une demande d'autorisation, de rejeter
ou de modifier tels articles qu'il leur plaira, et qu'enfin les
promoteurs s'en remettent à la justice des dépositaires du
pouvoir, quant à la rémunération qu'ils pourront avoir
méritée.

L'honorable critique reconnaît lui-même implicitement
que les promoteurs auront droit à une récompense quelconque, puisqu'il parle de « leurs peines et soins » et des
« frais qu'ils auront exposés. » Or, le proverbe dit que toute
peine mérite salaire.

Nous avons une autre réponse toute prête, et nous défions
qui que ce soit de ne pas la trouver satisfaisante. La voici :
dans le cas où les mandataires de la nation jugeraient que
les promoteurs et organisateurs du Système des Bons hypothécaires n'ont droit à aucune compensation pour leurs

conceptions, leurs fatigues et leurs déboursés, ils s'incline-
raient avec respect devant cette décision, trop heureux de
retirer du moins de leurs travaux des fruits dont personne
ne pourra les dépouiller, à savoir : l'honneur d'une décou-
verte utile et la satisfaction de l'avoir fait adopter.

Malgré cette résignation anticipée, examinons, néanmoins,
s'il serait sage et juste de la part de l'Assemblée et du pouvoir exécutif de refuser une allocation aux promoteurs et
organisateurs du système des Bons hypothécaires.

Notre première édition portait, et notre seconde édition
porte un paragraphe ainsi conçu :

« Frais de premier établissement. »

« *Les promoteurs* de la SOCIÉTÉ CIVILE DES BONS HYPO-
» THÉCAIRES *font l'avance des frais de publicité et autres*
» nécessaires à la vulgarisation de leur système. *Ils pour-*
» *voiront à toutes les dépenses jusqu'à ce que la Société soit*
» *constituée.* Elle sera considérée comme telle, lorsque le
» Conseil général, composé des premiers adhérents ayant
» souscrit pour les plus fortes sommes, aura été réuni, et
» qu'il aura nommé le Conseil d'Administration et le Direc-
» teur. »

« Les promoteurs font l'avance des frais de publicité..... »
Ceci est patent, car l'État n'a fait aux promoteurs l'avance
d'aucune somme pour l'impression de la présente Notice,
tirée à plusieurs milliers d'exemplaires.

« Ils pourvoiront à toutes les dépenses jusqu'à ce que la
Société soit constituée. » Le rédacteur de *la Gironde* s'est-
il bien rendu compte du grave engagement que prenaient
les promoteurs du Système ? Nous ne le croyons pas. Admettons, en effet, que la Société civile des Bons hypothécaires soit autorisée à une époque plus ou moins rappro-
chée, ce qui pour nous est indubitable. Que se passera-t-il
alors ?..... Il est probable que les promoteurs du Système seront mis en demeure d'organiser la Société. Ils confessent

que s'ils étaient réduits à leurs propres ressources pécuniaires, la tâche serait au-dessus de leurs forces, car il faudra
des agents nombreux, et des millions seront nécessaires.

Mais il arrivera ce qui se produit toujours lorsque le succès
couronne une entreprise : les collaborateurs accourront en
foule, et des centaines de capitalistes offriront leur bourse.

Cette double coopération est indispensable. Mais on comprend qu'elle ne soit pas gratuite. Nous le répétons, plusieurs millions seront nécessaires pour commencer les opérations. Effectivement, aucun agent supérieur ou subalterne ne
voudra consentir à consacrer son temps et son intelligence
à la Société, si les organisateurs de celle-ci ne lui garantis-
sent pas au moins une année d'appointements. Et veut-on
savoir de quelle somme il sera besoin pour cette garantie ?

L'appréciation en est facile. Il suffit pour la baser d'ébau-
cher, par la pensée, un tableau du personnel présumé
nécessaire au fonctionnement de la Société, et d'affecter à
chaque agent un traitement en rapport avec l'importance
de ses fonctions et avec la responsabilité qu'il encourt.

Supposons donc :

Un Directeur général, à 25,000 fr., ci...F.	25,000	»
Deux Sous-Directeurs, à 15,000 francs chacun, ci..	30,000	»
Deux Inspecteurs généraux, à 12,000 francs chacun, ci..	24,000	»
Avec 20,000 francs de frais de tournée pour les deux ensemble, ci.....................	20,000	»
Un Directeur par département, à 8,000 fr. avec frais de bureau en chiffres ronds, ci....	800,000	»
Un Agent principal par arrondissement, à 3,000 francs, en chiffres ronds, ci..........	1,000,000	»
Un agent subordonné par canton, à 1,200 francs, ci	2,400,000	»
TOTAL...........................F.	4,299,000	»

Tout compte fait, voilà 4 millions et au-delà pour les frais d'administration. Quatre millions ! Et l'on se souvient qu'en calculant sur 1 milliard emprunté par l'État, le 1/2 p. 100 (sur les 4 p. 100) qui reste après le paiement de 1 et 1/2 p. 100 aux propriétaires-garants, et l'oblitération de 2 p. 100 pour l'amortissement, est précisément destiné, d'après notre projet, aux frais d'administration de la Société et à la rémunération des organisateurs et promoteurs. Nous avions même attribué à ces derniers (et c'est là le sujet de la discussion présente) 10 centimes sur ce 1/2 p. 100. Mais l'on voit déjà, d'après le tableau qui précède, que 4 millions et 300,000 fr. sont absorbés par les modestes traitements des employés. Il ne reste donc plus que 700,000 francs à répartir entre les promoteurs et organisateurs. Ce ne sont plus 10 centimes, mais seulement 7 centimes qu'ils ont à prétendre sur le 1/2 p. 100. Et encore nous n'avons parlé ni des employés de la Direction générale et des Directions de département, ni des Agents particuliers que l'on sera contraint de placer dans les communes importantes, ni enfin des frais du matériel, imprimés, etc., etc. Nous sommes fort au-dessous de la vérité en évaluant ces frais à 200,000 francs par an. Voilà donc les fameux 10 centimes réduits de moitié. Voilà le million qu'on reprochait à l'avance aux promoteurs du Système, descendu à une valeur de 500,000 francs.

Suivons maintenant ces 500,000 francs. Que deviennent-ils ?

Nous savons qu'il nous faut 4 millions pour organiser la Société. Nous trouverons des capitalistes qui les fourniront, ce n'est pas douteux. Mettons qu'ils soient vingt, et que chacun fournisse 200,000 francs. Se contenteront-ils d'un intérêt à 5 p. 100 ? Évidemment, non. Ils feront valoir des myriades de raisons par lesquelles ils démontreront que leurs capitaux sont en péril, et ils exigeront une part perpétuelle dans les bénéfices de l'entreprise, ce que certaines compagnies industrielles appellent des *parts de fondateurs*. Mettons que, d'un autre côté, les promoteurs soient au nombre de vingt, et ce n'est pas exagéré, attendu que MM. Castro et Trubesset seront dans la nécessité de s'adjoindre plusieurs personnes pour propager leur système. Nous trouvons, par conséquent, quarante individus ayant des droits égaux sur une somme de 500,000 francs. Par suite, la part annuelle de chacun serait la modeste somme de 12,500 fr.

On le voit, la critique dirigée contre ces malheureux 10 centimes, que les promoteurs se réservaient dans le Projet de Statuts, à la condition, bien entendu, qu'une loi les leur maintint, n'a abouti qu'à démontrer le but éminemment patriotique de l'idée. Au surplus, nous en réitérons la déclaration, il appartiendra aux mandataires du pays de se prononcer en dernier ressort sur l'émolument à prétendre de la part des promoteurs et organisateurs dans les fonds disponibles de la Société. La situation de ces derniers sera meilleure ou pire qu'elle ne l'est au *Projet de Statuts,* selon que la Nation en décidera.

II. — Le rédacteur de *la Gironde* dit encore :

« Mais est-il certain que les propriétaires non endettés,
» ceux dont la situation est parfaitement nette, goûteront
» avec empressement la proposition de s'engrener en qua-
» lité de fidéjusseurs dans les opérations de la Société civile
» des Bons hypothécaires? Des immeubles hypothéqués
» dans ces conditions deviendront, il ne faut pas se le dissi-
» muler, difficilement aliénables pour un long avenir. Ce qui
» a convenu au vendeur, pourra fort bien ne pas convenir à
» l'acheteur. Quant à de nouvelles hypothèques à offrir à de
» nouveaux prêteurs sur ces mêmes immeubles, il y aura à
» cela des objections capitales.

» Le Crédit Foncier, le plus grand des prêteurs français
» sur hypothèques, se tiendra manifestement à l'écart en pa-
» reil cas. Établir spontanément une hypothèque, de simple
» garantie tant qu'on voudra, sur son immeuble, est une
» chose à laquelle beaucoup d'hommes sérieux répugneront
» et ne se prêteront pas. »

C'est bien à tort qu'on se préoccupe de la situation faite au propriétaire garant. Il ne faut pas, comme on disait autrefois, se montrer plus royaliste que le roi. Nous réitérons l'affirmation que tous les propriétaires auxquels nous avons expliqué le Système des Bons hypothécaires, et qui en ont compris le mécanisme, nous ont promis leur adhésion.

Le rédacteur de l'article du 9 juillet craint que les immeubles hypothéqués dans les conditions que nous avons indiquées ne deviennent « difficilement aliénables pour un long avenir. » Il commet une erreur sur ce point. Cette erreur est naturelle ; elle provient de la répulsion instinctive qu'inspire le mot *hypothèque*. Nous avouons avoir adopté cette expression à notre corps défendant, et parce qu'il n'en existe pas d'autre dans la langue. L'auteur de l'article publié dans *la Gironde* emploie le terme de *ducroire*. Nous l'aurions accepté volontiers pour cette seconde édition, s'il n'eût présenté deux inconvénients : le premier, c'est de ne pas correspondre parfaitement à l'idée du Système, car il n'est guère question de *ducroire* qu'en matière commerciale ; le second, c'est d'être absolument inconnu de la majorité des propriétaires.

Le mot *hypothèque* nous a donc été imposé par les circonstances. Mais, en réalité, il a ici une signification opposée à sa signification ordinaire. Étrange hypothèque, en effet, que celle qui augmente le revenu de celui qui la consent, et qui donne une plus-value aux biens qu'elle grève !

Que notre critique se rassure : les biens hypothéqués en faveur des Bons hypothécaires, loin de devenir difficilement aliénables, seront, au contraire, avidement recherchés.

Et cela se comprend aisément : le nombre des propriétés garantissant l'emprunt sera forcément limité, et ces propriétés rapporteront, dans tous les cas, 1 et 1/2 p. 100 de plus que les autres. Par suite, le public s'efforcera de se procurer des immeubles favorisés de cet avantage exceptionnel. Et voici comment les choses se passeront :

Pour pouvoir fonctionner, la Société civile des Bons hypo-

thécaires a beoin d'un nombre considérable d'adhérents.
Elle ne commencera même ses opérations qu'après avoir
obtenu l'adhésion d'une quantité de propriétaires supérieure
à celle qui lui est nécessaire. Les premiers inscrits formeront le groupe-caution. Comme le 1 et 1/2 p. 100 et les
chances du tirage dont il a été parlé plus haut ont de grands
attraits, une foule de propriétaires attendront avec impatience leur tour d'entrer dans la Société. On comprend, dès
lors, que les places des garants qui se retireront seront ar-
demment convoitées. Du reste, aucun garant ne sera admis
à se retirer sans qu'on se soit assuré qu'il sera immédiatement remplacé. Nous ajoutons que la retraite et le remplace-
cement seront simultanés.

Quant aux nouvelles hypothèques à consentir sur les
biens garants, nous ferons observer que, d'abord, elles
seront plus rares, puisque les propriétaires seront plus
aisés, et, qu'en second lieu, il ne sera guère dangereux
d'être inscrit après l'État, vu que l'hypothèque de l'État
n'affectera jamais que la moitié de la surface libre.

Notre honorable critique s'effraie de ce que le Crédit
Foncier prêtera désormais avec une plus grande difficulté.
Cette réflexion nous gêne, car nous ne voudrions pas nous
faire d'ennemis, mais nous ne pouvons pourtant nous em-
pêcher de rappeler que, moins les propriétaires s'adressent
au Crédit Foncier, mieux ils s'en trouvent en général.

Enfin, pour ce qui a trait à la prudence des propriétaires
sérieux, qui, d'après notre critique, ne se prêteront pas à
nos combinaisons, nous répétons ce que nous avons déjà
dit : « Qu'on nous permette d'essayer, et l'on jugera si les
propriétaires se déclarent satisfaits. »

III. — L'auteur du même article a perdu de vue le mécanisme des Bons hypothécaires, quand il a écrit que ces Bons
« ne produiront aucun intérêt quelconque au profit des
» particuliers qui les détiendront. » Il ne s'agit point de
valeurs productives d'intérêts, il s'agit d'une véritable mon-

naie analogue au billet de banque, donnée et reçue au pair
de sa valeur, et servant aux transactions commerciales et
autres, à l'instar des espèces métalliques.

IV. — L'objection qu'il ne serait peut-être pas sage « de
créer parallèlement aux billets de la Banque de France un
nouveau genre de monnaie de convention », ne nous paraît
pas suffisamment puissante pour faire repousser notre système. D'abord, il est des pays éminemment financiers où
l'existence concomitante de plusieurs monnaies fiduciaires
n'effraie personne, et où l'on voit circuler le papier de
nombreuses Compagnies privées à côté de celui des banques
protégées par le Gouvernement.

D'ailleurs, les Bons hypothécaires diffèrent des billets de
la Banque de France sur un point capital : ils sont péris-
sables par leur nature même. Au bout de cinquante ans au
plus, il n'en existe pas un seul. Au contraire, le billet de
banque est indéfiniment remboursable.

V. — L'auteur de l'article sur la Société Civile des Bons
hypothécaires désire que les coupures émises par la dite
Société ne soient pas trop nombreuses. Ceci est une question
d'équilibre financier importante, il est vrai, mais qui restera
à régler lorsque la Société fonctionnera ; nous ne nous occu-
pons, pour le moment, que de poser les principes. L'auteur de l'article exprime aussi le vœu que le type des
Bons soit uniforme. Il a raison, mais c'est encore là une
question de détail dont l'examen serait actuellement préma-
turé.

L'avantage du propriétaire-garant consiste en ce que la
Propriété, qui est réputée ne rapporter que 3 p. 100 en
moyenne, rapportera désormais, quant à sa partie engagée,
1 et 1/2 p. 100 *de plus*, dans tous les cas, sans que le propriétaire débourse 1 centime à un moment quelconque.

VI. — Dans le cours de la *Notice* (première édition), nous

avons fait allusion aux *bons de monnaie*, qui, depuis, ont été retirés de la circulation par suite de l'expiration du délai pour lequel ils avaient été autorisés.

Notre honorable critique a cru qu'il n'y avait aucune assimilation raisonnable, même éloignée, entre nos *Bons hypothécaires* et les *bons de monnaie*.

Cependant, il suffit de se rappeler ce qui a eu lieu relativement à ces bons de monnaie, pour voir qu'ils ont quelque analogie avec les Bons hypothécaires, quant à leur mode de circuler, et que l'avantage demeure incontestablement à ces derniers.

Et d'abord, on se souvient que les bons de monnaie ont été accueillis le plus naturellement du monde, même par les gens de la campagne, qui, pourtant, il y a moins de vingt ans, refusaient impitoyablement le billet de banque. Dans le cas inverse, nous avons vu retirer les *bons de monnaie* de la circulation sans le moindre inconvénient.

Le public accepte parfaitement ces combinaisons de crédit. L'explication en est toute simple : la population est devenue, depuis peu de temps, singulièrement éclairée en matière de finances ; elle s'est habituée à l'abstraction qui consiste à attribuer à un morceau de papier une valeur égale à la valeur intrinsèque du métal ; elle éprouve même une certaine satisfaction à se rendre compte des délicatesses financières. Il ne faut donc pas raisonner comme on raisonnait il y a cinquante ans, mais il faut se placer au point de vue de l'époque où nous vivons.

VII. — Comme les promoteurs de la Société Civile des Bons hypothécaires agissent au grand jour, et qu'ils n'ont pas hésité à révéler par l'impression le secret de leurs conceptions, au risque de s'en voir arracher tous les fruits par l'intrigue et le plagiat, ils désirent répondre ici à quelques objections, plus spécieuses que fondées, qui leur ont été faites dans des entretiens particuliers. Ainsi, les promoteurs n'attendent pas qu'on discute leur Système par la voie de la presse; ils vont au-devant des attaques. En cela, leur mérite n'est pas grand, car ils sont conduits à agir de la sorte uniquement par la conviction que les critiques ne sauraient les atteindre. Mais on comprend que, combattant à leurs propres dépens, les promoteurs ne répondront pas à chaque objection qui se produira, par une nouvelle brochure. Ils emploieront les journaux si ceux-ci consentent (et cela est probable) à leur donner l'hospitalité de leurs colonnes.

VIII. — On a dit ceci aux promoteurs du Système :

« En fait de monnaie fiduciaire, la dépréciation est la con-
» séquence obligée de la concurrence et de l'exagération.
» Trop de richesse fictive, à cet égard, devient toujours et
» partout, en réalité, une très-nuisible indigence. »

Ces paroles sont empreintes de la plus haute sagesse, mais elles ne sauraient s'adresser à nous. Oui, « la dépré-ciation est la conséquence de la concurrence et de l'exagé-ration ». Aussi ne faisons-nous concurrence à personne et avons-nous en vue de réprimer précisément l'exagération; et nous soutenons que notre Système est le seul *capable de rétablir l'équilibre dans les finances de l'État et de fonder un amortissement effectif de la Dette Nationale.*

Oui, trop de richesse fictive tourne à l'indigence réelle. Mais nous ne demandons qu'une émission raisonnable de Bons hypothécaires. D'ailleurs, nos Bons ne seront point une richesse « fictive ». Ils seront une richesse positive; ils seront la représentation d'une partie de la fortune territo-riale; ils seront en quelque sorte la mobilisation du sol; ils seront, en un mot, *l'équivalent du numéraire.*

IX. — On a dit encore ce qui suit :

« La différence entre les billets de la Banque et les Bons
» hypothécaires est essentielle. C'est momentanément, en
» effet, et sous la pression de l'extrême gravité des circons-
» tances, que le remboursement en numéraire, à vue et au

» porteur, du billet de banque a pu être suspendu, sans
» abolition du principe lui-même, destiné à être remis en
» vigueur aussitôt que faire se pourra. L'échange contre
» espèces des Bons hypothécaires n'aurait, au contraire,
» jamais lieu, tant qu'il en resterait en circulation. »

Ici, il est bon que nous rapprochions de l'objection
qui précède l'explication qu'on nous a demandée dans le
journal *la Gironde*, de ces mots « les Bons hypothécaires
auront cours légal, *mais non forcé* ». La réfutation de l'objection et l'explication de ces expressions se lient étroite-
ment. On va s'en convaincre :

« Les Bons hypothécaires auront cours légal, *mais non
forcé* »; cela signifie simplement que leur émission sera
consacrée par une loi, mais que personne ne sera obligé de
les recevoir en paiement, si l'on n'a pas confiance en eux.
Autrement dit, ils auront la situation des billets de la Banque
de France avant que la circulation de ces derniers ne devînt
obligatoire. Et les promoteurs ont une telle foi dans le succès
du Système, qu'ils ne redoutent nullement de voir les Bons
refusés.

Maintenant, puisqu'il est question incidemment du cours
forcé des billets de banque, nous avons le regret d'expri-
mer la crainte que cette situation ne dure longtemps, surtout si le Gouvernement ne prend pas, autant qu'il est en
lui, des mesures contre les gens qui spéculent (et de grandes
Compagnies en donnent, paraît-il, le triste exemple) sur la
prime de l'or et de l'argent.

X. — Terminons par la démonstration de la grave erreur
contenue dans la critique dont nous avons donné le texte en
dernier lieu. On semble croire que « l'échange contre
» espèces des Bons hypothécaires n'aurait jamais lieu tant
» qu'il en resterait en circulation ».

Cette hérésie est le renversement complet de notre Système, et nous ne pouvons la laisser subsister une seconde
de plus.

Non, certes, il n'est point exact de prétendre que les Bons hypothécaires ne seront pas échangés contre des espèces métalliques tant qu'il restera des Bons en circulation. Ce danger est purement imaginaire. Dès le jour de leur émission, les Bons hypothécaires circuleront comme le numéraire, et on les échangera contre de la monnaie sonnante, absolument comme on échange les billets de la Banque de France. Et, puisqu'on nous y provoque, nous sommes dans la nécessité, pour notre défense, de rappeler que ce sont, au contraire, les billets de banque qui, au bout de cinquante ans (et toujours), sont remboursables comme le premier jour, tandis que justement les Bons hypothécaires s'évanouissent successivement année par année, en sorte qu'à l'expiration d'une période de cinquante ans au plus, il n'en survit pas un seul. Et cela sans que personne ait perdu une obole ; bien plus, avec cet avantage que tous les intéressés auront augmenté leur fortune.

En prenant congé du lecteur, nous tenons à lui rappeler ce que nous avons répété à satiété dans cette Notice :

Les Bons hypothécaires seront les auxiliaires et l'équivalent du numéraire.

FIN

TABLE DES MATIÈRES

QUATRIÈME PARTIE

Bordeaux. — Imprimerie générale d'ÉMILE CRUGY, rue et hôtel Saint-Siméon, 16.

ANNEXE

TRAITÉ CONCLU

entre

le Gouvernement espagnol et la Société des Bons hypothécaires

Au mois de décembre 1873, le Gouvernement castillan ayant eu connaissance du Système des *Bons hypothécaires*, invita la Société à déléguer à Madrid quelques-uns de ses membres afin d'arrêter les bases de l'application du système au régime financier de la nation espagnole. Une délégation fut, en effet, envoyée dans la Péninsule, et le traité dont la teneur suit fut signé par les fondés de pouvoirs de la Société des Bons hypothécaires pour l'Espagne et M. Pedrigal, alors ministre *de hacienda* (finances) de cette puissance.

« Les délégués s'engagent, en vertu des pouvoirs que leur a conférés la Société des Bons hypothécaires de France, à livrer la somme de deux milliards de francs en numéraire ou valeurs, dans l'espace de deux ans, divisés en divers termes.

» Son Excellence le Ministre des Finances, au nom de la nation espagnole, accepte cette négociation, et assure, sur la somme qu'il recevra, le paiement annuel de 6 p. 100 en Bons hypothécaires ou en effectif, à la volonté du Gouvernement, avec lesquels 6 p. 100 les deux milliards de francs seront amortis au bout de cinquante ans, y compris les intérêts correspondants.

» Le montant du rapport 6 p. 100 pourra être livré par le Gouvernement en Bons hypothécaires.

(Ici se place une clause relative à la commission à payer à un certain intermédiaire; cette clause est sans intérêt pour le lecteur.)

» Son Excellence le Ministre des finances s'engage, au nom de la Nation espagnole :

» 1º A décréter le cours légal de la circulation, comme métal effectif, des Bons hypothécaires;

» 2º A décharger les Bons hypothécaires du droit de timbre et des frais et des droits de l'inscription des hypothèques que donne le Gouvernement dans les registres de la propriété;

» 3º A contrôler les opérations de la Société par un délégué de sa confiance, rétribué sur les fonds de la Société.

» La moitié des bénéfices résultant de cette opération sera destinée à l'amortissement de la Dette espagnole au profit de la Nation.

» Le Gouvernement de la République espagnole garantira cet emprunt et ses conséquences en s'assujétissant aux conditions convenues et en affectant les immeubles suivants :

» Sept millions cent vingt-sept mille trois cent cinquante et un hectares des montagnes de la Nation, parmi lesquelles figurent près de cinq millions d'hectares de bois de construction dont la valeur peut s'élever à plus de sept milliards de réaux, soit en francs.......................F. 1,750,000,000

» Les biens de Godoy, prince de la Paix, qui, séquestrés au profit de la Nation, furent évalués à.. 35,000,000

» Les mines d'Almaden et de Linarès, en francs,.. 500,000,000

F. 2,285,000,000

Le traité qui précède fut l'objet de l'interprétation suivante provoquée par deux des délégués :

MINISTÈRE DES FINANCES. — CABINET DU MINISTRE.

Messieurs,

En réponse à votre obligeante lettre sur le contrat provisoire passé avec MM. ***, représentants de la Société, j'ai le plaisir de vous faire connaître qu'aussitôt que vous présenterez les Statuts de la Société qu'on établira en Espagne, vous passerez le contrat définitif avec le Gouvernement, lequel réduira l'émission des Bons hypothécaires à la somme qui sera jugée équitable, eu égard à la garantie disponible.

Je suis, etc.

31 Décembre 1873.

Tel est le résumé des négociations couronnées de succès qui avaient été ouvertes entre le Gouvernement espagnol et les mandataires de la Société des Bons hypothécaires. La mise à exécution des conventions stipulées allait avoir lieu, quand le mouvement politique du 3 janvier 1874, accompli huit jours après la signature du traité, est venu ajourner, d'une manière *alors indéfinie*, le fonctionnement, en Espagne, de notre système. Aujourd'hui, la pacification attendue de cette nation voisine et amie donne sujet d'espérer que les Cortès futures ratifieront l'acte du 26 décembre 1873.

AVIS IMPORTANT

Nous prions MM. les Directeurs de journaux de publier la *Notice explicative* qui fait l'objet de la présente brochure. Nous les prions également d'apprécier notre système à leur point de vue.

Nous recevrons avec reconnaissance les lettres particulières qui nous honoreront d'appréciations favorables ou même de critiques.

Nous croyons nos idées justes, mais nous n'oublions pas que la lumière naît toujours d'une loyale discussion.

Bordeaux. — Imprimerie générale d'ÉMILE CRUGY, rue et hôtel Saint-Siméon, 16.